UN PERGAMINO DE POESÍA MANCHADO DE TINTA

Yixin Wang

Amazon

ISBN-13: 9798835809783
ISBN-10: 8835809783

Cover design by: Art Painter
Printed in the United States of America

Gracias a Zhiping Wang, Qiong Wang, Xinyi Wang, Ning Wang y "Zhua Zhua" por su ayuda en la publicación de este libro.

CONTENTS

UN POEMA DE UN POEMA

La poesía es un pozo profundo de agua fría
Sin fondo, amplio y profundo
Miles de años
Perseguir a la gente

La poesía es una jarra de vino añejo
Extraído de la energía de los granos
Quitó la escoria del mundo
Dejando la esencia de la prosperidad

La poesía es un paisaje sin igual
Impresionante trabajo, trascendental
Purificar la mente de las personas
Sacudió los corazones de la gente

SACUDIR

En silencio
En silencio
Hizo viento
Las hojas comienzan a temblar
Todo está temblando
Incluso la luna brillante en el cielo
Temblando allí también
No se cuando empezar
Donde generar
El corazón comenzó a temblar

Mira esa noche fresca
En el espejo tembloroso
Que despreocupado
Chico alegre
Mirando a lo lejos
Mirando al cielo
Escucha el mar
Parece haber ido a las vicisitudes de la vida

OLVIDAR

Una vez escuché el viento soplar
No puedo ver tu rastro
He tocado la frialdad de la lluvia
No puedo sentir tu ternura

Pena en mi corazón
Este viento no sopla para mi
Esta lluvia no es fria para mi

Tu
En soledad
Olvídame lentamente

PUESTA DE SOL

Crepúsculo por todas partes
Puesta de sol
Nube roja como la sangre
Flotando en el aire
Tan alegre

Después del anochecer
El tiempo es como
Vertida en el agua
Tal vez como un pájaro
Posado en las ramas
Chupar rocío
Mira el universo
Luna en la cara

Eso creo
Tú apareces
Frente a mi
A mi lado

ROSA ROJA

Una vez dijiste
Estar en mi huerta
Planta una hermosa rosa roja
Entonces, lo harás
Regado con fantasía
Hidratar con cuidado
Cultivar con amor

Yo recogi
Tu en el huerto
La rosa roja
No se si es agravante
Te echo de menos
Para ti
Reflexiono sobre el lenguaje floral de las rosas
Planta rosas en mi poesía
En cada poema mio
En cada recuerdo
En cada palabra
Tener tu sombra

Mira tus rosas
Como ver tu sueño
Tu alma, tu mente

YIXIN WANG

Algún día
Yo también te llevaré
Conviértete en mi poesía
Mi creación
Déjanos tú y yo
Compañero de toda la vida

MI AMOR

Si
Soportar mi amor
Es el otro lado del cielo
Entonces acepta mi amor
Es el águila en el cielo
El tomara mi amor
Rompe el cielo
Directamente nueve días

Si
Soportar mi amor
Las profundidades del mar
Entonces acepta mi amor
Es el dragón gigante en el mar
El tomara mi amor
Lucha contra las olas
Volcado

Por mi amor
Más alto que el cielo azul
Más profundo que el mar
Mi amor
Trascenderá las fronteras geográficas
Rompe la brecha del tiempo

YIXIN WANG

Ignorar la brecha generacional secular
Destroza todo orgullo y prejuicio
Ir a ti

HIPÓCRITA

Algunas personas, rostro humano y corazón de bestia
Con rostro humano
Riendo todos los días
Pero en mi corazón, solo existe la mente de una bestia
Y pensamientos sucios

Este hipócrita
Con una máscara
Caminar por el mundo
Pretender hacer lo mismo que las personas
En privado
Pero deja que los fantasmas en mi corazón sean
Alboroto a voluntad

Y tan hipócrita
Pero sirviendo como maestro
Enseñar y educar a la gente
Y tan hipócrita
Pero responsable
Mantener secreto
Y tan hipócrita
Estatus alto
Aguantar peso

Que hipócrita
Todavía vive bien allí
Y gente pobre
Pero ya lo perdi todo

TE AMO TRES VECES

Primera vez
Cuando mientes
Yo sonrío
Mirarte en silencio
No te perfore
No decir nada
Pretender no saber

Segundo pase
Cuando me dejaste
Estoy donde estoy
Mira a lo lejos
Gira la cabeza en silencio
O pretender no saber

Tercera vez
Cuando estoy solo
Te llamo
Estoy borracho
Yo gruño
Llorando

YIXIN WANG

**Algarabía
Dijo
Te amo**

TRANQUILO

Nunca pensar
Los árboles no hablan
Los árboles tienen su propia forma de comunicarse
Sol, brisa, follaje
Puede ser la conexión entre ellos
Incluso la lluvia adecuada
También podría ser su comunicación
Su comunicación
Es un silencio
Comunicacion sin palabras

Silencio
Es maravilloso
Lenguaje facil
Como si de
Playa distante
Brisa marina que sopla lentamente
El viento se mezcla con el olor del mar
Muchos eventos pasados y recuerdos
Todo en silencio en el viento
Silencioso

Mismo
Solo en silencio

Para escuchar lo más cálido del otro
Más emocionado
Respiración y latidos del corazón
Es como un metro
En silencio, en silencio
Pero muy enredado
Inseparable
Nunca aflojes las raíces

HOGUERA EN EL VALLE

La hierba de la cola de un perro solitario
Apoyado contra un pilar de bronce
Mirando la hoguera en el valle
Hoguera con el otoño como fondo
Graba tus propios componentes
Cuanta luz se libera
Cuantas noches maravillosas han pasado así
Cuantos sueños quedan así en la noche y el valle

Sin embargo, en la luz de la luna derretida
El humo de la fogata se aleja
Al final, solo queda un montón de cenizas

OSCURO

Oscuro
Es tan profundo
Tranquilo
El agujero que se traga la noche
Como un espejo
Como el agua
Tiempo de cambio de corazón

Oscuro
Existir en el cielo
Sobre todas las cosas
Con vistas a la habitación humana
Esperando las cuatro estaciones
Mirando el polvo rojo en el mundo

Por la existencia de la oscuridad
Lejos de la gente
Voluntad de pie
Reflujo
Marchitarse , desvanecerse

TORMENTA DE LLUVIA

En un pueblo solitario
Una lluvia torrencial cayó del cielo
Lavando este pequeño pueblo
Pollo y perro saltando en el pueblo
Ni un momento de paz
Puertas y ventanas cerradas
Cuidado con la penetración del agua de lluvia
Suelo lavado por la lluvia
Las cañas están cansadas por la lluvia
Acercándose a la noche
Lluvia torrencial
El camino de los gansos
Vuelve el herrero junto al arroyo
Los campesinos que trabajan en el campo ya no se
cobijan de la lluvia
Salió
Corre a casa
La gente vio hojas caídas
Mira las hojas
Mirar al cielo otra vez
Cielo se volvió azul oscuro después de fallar

LAMENTO

Caminando por el campus silencioso tarde en la noche
Noche de verano despues de la lluvia
Los árboles y las hojas aún huelen a humedad
Sentado bajo la luz de la calle
Solo yo sombra
Figura solitaria
Figura solitaria

Pasa una voz
Noche oscura
Tan triste y digno
Como si algo se hubiera perdido para siempre
Qué está faltando

Estar esperando
Hasta tanto tiempo
Perdido perdido
Más
Finalmente perdí hasta los lamentos

TRISTE OTOÑO

En la temporada triste
Cada hoja
Todo por demasiado viento y lluvia
Finalmente no puedo soportarlo
Solo para morir con el viento
Convertirse gradualmente
Un pedazo de tierra
Un momento de la nada

En la temporada triste
Como si la alegría se hubiera ido
La felicidad se ha ido
Solo otoño
Solitario, triste luto

Hazme triste
No puedes hacerlo por ti mismo

MONUMENTO

Hermoso monumento
Tienes mi águila
Por favor, recomiéndenlo al dios de la poesía
Deja que se comuniquen

Me da verguenza verla
El dios de la poesía no debería tener falda
Ella es la lápida completa
Sin ninguna decoración

Mi águila te llevará allí
Galaxia favorita
El ártico más hermoso
La mejor osa mayor
Donde tengo una casa romantica
Ves estrellas con plumas
Esa es mi casa
Pluma es mi fantasía
Flotar al sol a veces
Vagar a voluntad
Volver a la tierra a veces
Lava cayendo al centro de la tierra
Con lava
Vivir bajo el mar

Nunca vuelvas a aparecer

Águila , no me lleves de vuelta
Hermoso monumento
¿por qué no me llamaste?
Dios de la poesia

REFLEJO DE LA CIUDAD

Antiguo
Agrietado
Carretera de asfalto
Gradualmente
Reflejan la ciudad antigua
Aspecto antiguo
Esta vista
El reflejo de la ciudad

Mira la ciudad vieja
Las calles estan pavimentadas
Flor , hierba, árbol, madera
Y viejas casas en ruinas
Ladrillos de pared rojos solos en la pared
El techo tiene algunas grietas
Bloques de cemento y pintura
Por muy claro que fuera
Se ha ido ahora
Lleno de afuera
Papel publicitario denso
Como papel kraft

Demasiado para quitar
Rasgó
Ya no es util

Niños y niñas que solían estar en la calle
Deambulando, regocijándose
Pero nada
Ya es ahora
En ninguna parte y en ninguna parte

SOL NACIENTE

Sensual, como un desastre
Atrapado en mi pecho
Hazme incapaz de respirar
Voltear algunos libros
Mira esas palabras
Esperando vagos recuerdos
Como un pájaro perdido
Vuela de regreso a mi

Corazón palpitante
Como el sol naciente
Mira por la ventana
Hay una nube
Vuela hacia mi

EXPRESIÓN DE AMOR

Amor
Varios
Si el amor
Hay cien mil expresiones
Un placer ayudarte
Especialmente para crear
Tipo único
Expresión de amor
Eso es
Enojado con tu carita gordita
Con mis dedos
Pinchar, pinchar, tocar

PERDER LA VIDA

Tomo la basura
Listo para bajar
Por cierto, desechemos esto
Vida dura

Perdí mi vida
El mar se convertirá en un campo de moreras
Pero aun no tengo nada
Nada ha cambiado
La montaña de nieve todavía está fría
El desierto todavía está caliente
La puesta de sol sigue siendo sombría
Todas las cosas viven

Perdí mi vida
Romperme las manos y los pies
Vida perdida
Hazme incapaz de ver lejos
Hazme perder mi camino
Porque en el vacío
Avanzar es un dolor sin fin
Atrás está el infierno llamando

No veo esperanza

Solo dolor
Solo miedo
Solo confundido

Perdí mi vida
Renunció a todo
Entender la vida
Se enamoró en su lugar
La tumba sin limites

MIRAR ATRÁS

Una noche lluviosa
Cielo nublado
Trueno
Sin estrella
Esperando la visita de un viejo amigo
Hacer una taza de té caliente
Recordar lentamente el pasado

Varias hojas caídas en el agua
Esta lloviendo por todas partes
Gotas de lluvia en el cielo
Convergencia de varias depresiones
El agua turbia fluye por todas partes
Una escena sombría

Mirando hacia atrás cuando era joven
No puedo evitar suspirar
Incluso si el pasado es atronador
Solo puede estar en silencio

NOCHEVIEJA LUNAR

Esta noche
Agricultura feliz
Fuegos artificiales en el mundo
Floreciendo salvajemente
Cuando enciendes los fuegos artificiales
Al mirar hacia el cielo estrellado
Busco
Cruzó por mi mente
Vistoso

Pies , al año nuevo
Corazón , quédate en los viejos tiempos
Un toque de dulzura
Curly na sube
Un sueño que toca esta vida

Llamar a la ligera
Tu nombre en el sonido de los petardos
Toma una copa de vino tinto
Rezar
Estás sentado junto a la ventana

YIXIN WANG

Entra en el mismo sueño conmigo

PASAR POR

Me miro a mi mismo
Mírate en el espejo
Pasar por ese espejo
El espejo que simboliza el tiempo y el espacio
Por favor permíteme ir
Tengo curiosidad
Estoy muy confundido
Que hay ahí en el espejo
¿es un mundo humano?
Y como van a salir las cosas

FRAGANCIA DE PRIMAVERA

Hora gira lentamente
Provocado
Mi corazón late
Déjame volver al origen
Mi memoria
Todavía ayer
Información en la pantalla
Entender una frase
Temblando las fibras del corazón ya polvorientas
Ese día, el cielo era azul
El viento es claro
Estrellas centelleantes después de la nieve
Brillar en el mundo
Innumerables olas persistentes
Ahora el sol es como un
Mariposa amnesia
Acostado junto a la ventana
No bailando
No trajo
Tu ternura
Y la fragancia de la primavera

ESPERE

Tu cara
Ladera silenciosa
En la tranquila luz de la luna
Espere

Estoy parado detrás de ti
En voz baja
Amasar las palabras en la brisa de la montaña
Llegó a tus oídos

Porque
Esa brillante luz de la luna
Soy yo

ESPERANDO

Esta noche
Estoy al principio de una isla
Viendo llegar la marea
Pero en silencio
Solo navega

Tal vez en esa ola
Inexplicablemente
Varias bestias
Como delfines, ballenas azules
Ellos deambulan
Sacando la lengua
Mirando las estrellas

Cierra tus ojos
Solo estoy esperando una vela blanca
Sonido temblando en el viento

EL INVIERNO ESTA AQUI

Entre las cuatro estaciones
Solo cuando llega el invierno
Nadie puede atreverse a volverse loco
Es tan poderoso
Todo va a la calle xiangyang

Hombre en casa
Honestamente
Ganado en cobertizo
Honestamente
Conocer el viento del norte
Charlar con papá

Debería tomar corazón
Elaborando una novela
Viene la nieve
Escribir de una vez

No salvaje en invierno
Está mal
Salgo
Toma un sorbo del viento del norte

YIXIN WANG

Ahoga mi garganta
Pero mi cielo
Pero azul vivo

MONÓLOGO

Una casa mia
Cansarme
Pica su propia generosidad
Ponerme en una posición incómoda

La sangre de mi corazón
El bosque que duerme en la corteza terrestre
Dos pares de pies estirados
Es la vida que sostiene mi gateo

Algunas veces
La tranquilidad puede parecer difícil
Hambriento
Comida completa
Me hará pensar
Próxima comida
Ya sea para distribuir
Olor a podrido y mohoso

Los vasos sanguíneos recientes están cada vez más
marchitos
La mente cambia de color
El cerebro también está un poco oxidado y aburrido
Mi trabajo no es suficiente

YIXIN WANG

A veces esperanza
Sol pegado a la piel
Puede darme comida duradera y saciedad
Y un hogar

RITMO

Una chica de fuera de la ciudad
Vestido con zapatos azules y rojos
Con aretes y collar
Traiga su teléfono y cámara
Cerca de qianling
Ritmo lento

No estoy seguro
Es para vender souvenirs
O háblale de este antiguo mausoleo
Ciudad antigua

Chica paseando por ahí
No me atrevo a moverme
Ella confía en
El sauce junto al río
Rama de sauce
En silencio
Aterrizado
Una cometa roja
Y una urraca negra

AVIÓN

Verlo en la segunda mitad
Volando en el cielo azul

En dos arboles
Tal vez un árbol de mango
En el cielo azul entre
Vuela lentamente, en silencio

Como si el mundo
Todo tranquilo
Como si todos
Míralo
Como si solo una brisa
Sopla en silencio

No conozco a la gente en el avión
¿qué tipo de paisaje viste?
Que clase de mundo
En sus ojos
Si la ciudad
Acostado en silencio entre las montañas y los ríos

Como si no
Multitudes

Ajetreo y el bullicio del tráfico
Y los problemas de la vida
Como si solo este mundo
Lentamente
Girar en silencio

RESPECTIVAMENTE

No estés triste en las noches de invierno
Porque
De todos modos
Todos envejeceremos

Por supuesto
La vida es como
Campo de arroz siendo cosechado
Cultivo por cultivo
Quitado
Por separado

VIENTO

Siempre me preocupa no poder alcanzar el viento
Solo antes del amanecer
Antes de que los copos de nieve se derritan
Antes de que la escarcha de la mañana se disipe
Pon tus ojos en
En el árbol más alto
Mirarte
Ventana entreabierta

Pero
Golpeaste mi corazón
Ese golpe de risa
Como una hoja que aún no ha crecido
El verano pasado
Tostado por el sol
Curvado a amarillo

En un sueño, tengo
Tiempo condensado en puntos
Tiempo de día
El látigo del tiempo golpea mi cara
Un barranco
Vertical y horizontal en una palma
La meseta de locss que se puede pandear

YIXIN WANG

A 100 metros de mi
Viento de desconfianza
No sostuve mi brazo después de todo

HOGAR

Incluso en otoño
Las hojas no caerán fácilmente
Las flores no quieren marchitarse fácilmente
La apariencia de la ciudad natal
Todavía en su lugar
Sin alterar
Inmaculado
Ningún cambio

Frunciendo el ceño en la colina
Acostado en una puesta de sol
Cultivos en el viento
Balanceándose como malas hierbas
Mirando el campo de trigo en la distancia
Un ensueño en mente

En otoño , las hojas todavía se niegan a caer
Job se niega a irse a voluntad
No solo para
Para proteger la tierra pura
¿está libre de contaminación humana?
Hay un seco
La apariencia de la ciudad natal está sellada
Con ambiente de ciudad natal

PLAYA

El cielo es azul
Sol abrasador
Abrasando la tierra
El bosque en este momento
Siempre susurrando en la brisa del mar
Atrayendo pájaros

Por la costa
Acantilado de roca alta
Debe haber una siesta adecuada
Sol suave
Y fresca brisa marina

El tiempo es como un caballo volador
Trato de ponerme al día
No se puso al día
Todo el verano ha terminado
No he ido a la playa
No senti la brisa del mar

CAUTIVO DEL AMOR

Amor etéreo
Como un pulpo de las profundidades del mar
Agotar todos sus tentáculos
Ven abrázame fuerte
No me des oportunidad de respirar

Amor vano
Como una roca de una montaña
Agotar toda su fuerza
Di que estoy aguantando
No me des la oportunidad de luchar

Soy asi
Amor repentino
Por este amor etéreo
Amor vano
Capturado
Se convirtió en ella
Pretendientes

HACE MUCHO QUE NO TE VEO

Estas bien
Tu que estas lejos
Eres como yo
También persiguiendo el sol naciente

Dónde estás
Tú que estás del otro lado
Eres como yo
También buscando ese toque de fragancia oscura
¿lo sabías?
Te he estado esperando
En cierta intersección
Cierta calle
Espero conocerte
Pienso
Debe ser una tarde de verano
Nos encontramos inesperadamente en el viento cálido
No te diré
Hola
Yo diría
Hace mucho que no te veo

NOCHE OSCURA

Acostumbrado a
En el mundo oscuro
Para encontrar el silencio de la oscuridad

Si
Este mundo
Sin luz solar
Sin luz de luna
Sin luz de las estrellas
El mundo entero
Solamente
Solo un color
Solo puede ser negro

Porque
La noche es la única eternidad

ANILLOS ANUALES

El árbol dibuja círculos en su propio cuerpo
Calcula tu edad
Formó sus propios anillos
También dibujamos círculos en nuestros corazones
Dibuja círculos en tu frente y en las esquinas de tus
ojos
Dibujar nuestros propios anillos

Primavera a otoño
Cuantos dias y noches han pasado asi
¿cuántos episodios del pasado están dispersos así?
El cielo sigue siendo azul
La tierra sigue siendo gris
El tronco sigue en pie
Y tú, ya creciste con los anillos de crecimiento
Desapareció sin dejar rastro

FLORAL

Nunca pense
Como una flor
Ella también llorará
Estará desconsolado

Bueno, estaba equivocado
Lo admito
Toda flor la tiene
Fragancia diferente
Extraño paisaje

RÍO AMARILLO

Río amarillo , un río de colores que fluyen
Es espeso, intenso y desenfrenado
Hereda completamente la aspereza de las dinastías
wei y jin
Todo heredó el romance de las dinastías tang y song
Salpicó las ondas de las cinco dinastías y los diez
reinos
También reveló la herradura dada del imperio yuan
Da pleno testimonio de la nación china
Miles de años de pesada historia

Es real
No es como nubes en el cielo
Tan ilusorio
No como un arcoíris después de la lluvia
Tan sencillo
Es un vibrante
Poderoso, creciente
Historia viva

NOCHE TRANQUILA

Un estanque de bahía
Algunos peces dorados
Permanecer en el agua tranquilamente
Sujetar con la boca
Luna y una cadena de estrellas

Luego nadó a
Frente oscuro
Las profundidades de la noche

En esta noche tranquila
Un sueño
A punto de empezar

MIRA LA LUNA ESTA NOCHE

Acaba de llover cielo
Siempre soleado
Hoy no es la excepción
Es una noche sin nubes
Pero sin estrellas
Porque una luna brillante cuelga en el cielo

Luna creciente
Como una canción ruidosa
Molestar a mi corazón
Hazme incapaz de liberarme

Quiero ver la luna esta noche contigo

RÁPIDO O LENTO

Un árbol
Estira lentamente el verde
Medio año después
Ponte amarillo un poco más
El árbol ha crecido mucho
Tomar la cabeza de la persona
Dejado atrás

Un árbol sigue a la gente
Árbol rápido
Gente es lenta

LA CARRETERA

Huellas como gotas de lluvia
Rociado por todas partes
Salta sobre las huellas de los labios que deja el polvo

Otro sueño en los campos
Como el trigo
Esperando el otoño
Cosecha dorada

El sol a esta hora
Ya no es viejo
El sol que lavaste con lágrimas
Melancolía, frío

Canto de pájaros como pistolas de aire
Tipo de uñas que salen disparadas
Por pieza
Luchar para entrar
Mis terminaciones nerviosas
Células más sensibles

Pero todavía no puedo ver
El camino bajo los pies
Dónde

HOJAS CAÍDAS

Hojas caídas en las montañas
Golpeado por el sol
Impreso en loess
Volverse borroso
Entre las hojas
Tiene un
Manera única de chatear
Mientras puedas entender
Puede tener mucho
Nuevo amigo

HOJAS VERDES

Meciéndose en el viento
Saltando bajo la lluvia
Bajo la fresca sombra
Escuchar las conjeturas de la gente sobre el futuro
En el viento de principios de otoño
Saludando con gansos
Decir adiós al verano

Aunque no quiera
No dispuesto a ser como una mariposa marchita
A la deriva suavemente a través del campo con el viento
Pero debería estar contento
La próxima primavera
Me balancearé en las ramas otra vez

UNA CARTA DE AMOR

Infancia
Hay un pequeño puente en frente de la puerta
Agua gorgoteando bajo el puente
Pedazo de hojas muertas
Rafting
Nunca encontrarás tu propia casa
El carro es demasiado pesado
Cargando la carta interminable
Y el anhelo de la distancia
Verás , las flores no están floreciendo en la cálida
temporada de primavera
Pero ya termino

Ahora
Los sentimientos ya no se pierden
Te extraño mucho
Desafortunadamente , la juventud es ignorante
Mirando hacia atrás
Agua se ha acabado , las hojas caídas son como tierra
Soy joven
Espero que tu juventud no se equivoque

YIXIN WANG

Vamos
Deseo tu felicidad

PARA EL AMANECER

Amanecer
Se acerca el amanecer
Antes del amanecer
De pie junto a la ventana
Mirando hacia el misterioso este
Mirando la última noche tranquila y la oscuridad
Dibujar una línea vertical
Expresar mi felicidad
Dibuja otra línea horizontal
Representar mi dolor

PASEO

Estoy a finales de primavera
Caminar en el viento cálido
Oscuro detrás
Persiguiéndome

Esta calle familiar
Alguien me sonrió y asintió
Esta temporada
Todo vuelve a funcionar
Una hoja muerta del año anterior
Caer con gracia
Siguiéndolo , vi una luna nueva
Siento la bondad del mundo hacia mí

BONITO

Para la belleza, la gente está persiguiendo
Sin embargo, cuanto más fuerte es el deseo
Las personas mas impotentes
No puedo juzgar
Del tamaño de una madrugada
Porque es completo y hermoso
El rocío y el sol naciente son lo suficientemente brillantes
Entonces, no estoy preocupado
El desvanecimiento de las cosas buenas
Y la desesperación que se desvanece
Solo me enfoco en la simplicidad y la belleza
Para la belleza
Flecha en mi mano
Liderar pero no

SUEÑO

Cada noche
Alguien soñará
En un sueño
Conteniendo el quebrantamiento de la realidad
Y fantasías diurnas
Es la belleza implícita de tu y yo
En un sueño
Consagrado en la embriaguez del cielo
Ternura con los ángeles
Son mis lágrimas de alegría contigo
En un sueño
Susurrando el resplandor de la región
Y cambios del pasado al presente
Soy yo y tus lágrimas impotentes
Cuando volverá
Ternura en un sueño
Cuando volverá
El polvo de la ciudad natal
Reza por el regreso del sueño

SECRETO

El viento golpea fuerte contra las ramas
Hacer la lluvia que cuelgue las puntas de las hojas
Caer aquí
El sol brillante bloqueó
Las huellas de tu visita anoche

Soñar, esconderse
Flor de durazno de diez millas de tres vidas y tres
mundos
Evita los ojos del pájaro
Y orejas de gato

Junto a la ventana, tu secreto enterrado en lo profundo
de la tierra
Me preocupa
Se perderá

MURMULLO

En el dia
Todo
Están haciendo ruidos locos
Tv, celular, jefe
Coche, vecino, olla arrocera
Incluso hay gente que está tan desesperada
Charla

Afortunadamente es de noche
Por la noche
Todavía relativamente tranquilo
Solo suaves susurros

Solo entonces puedes escuchar
Voz de la mente
Asique
Y todos los demás
Empieza a soñar

APIO

Sostendré un ramo de flores
Serán claveles
Será peonía
Será jazmín
Pero más a menudo
Voy a sostener un puñado de apio
Sosteniendo una bolsa de lona
Salir de la tienda rápidamente
A través del flujo de personas

Diminuto
Tienda de menos de diez metros cuadrados
Como un mundo
Hazme fascinado
Los artesanos siempre han
Hablar en voz alta
Acción fluida
Es un cumplido a uno mismo

Y estoy sosteniendo un puñado de apio
Por el camino
Como si
Una mirada a los secretos de los seres humanos
Aprendió sobre política y país

NIEVE

El espíritu de este invierno
Este espíritu puro
Cada vez que el clima se vuelve frío
Aparecerá a los ojos de la gente
Claro como el cristal

Sin embargo, es la pesadilla de las flores
Roba el romance y el esplendor de las flores
Marchitar las flores
Hasta que cae
En el polvo

SUEÑO

Temprano en la mañana
Brumoso
Madre temprano para cocinar
Padre sobre el bosque
Constituye una pintura al óleo de bodegones
Congelar en mi mente
Duradero

Tener un sueño
A la casa solariega le faltan aleros
Pasto largo debajo de la casa
Padre llena media luna en tanque de agua
Junto con un pez rojo
Colección común

Empujé la ventana
Como saltar en paracaídas en un sueño
Rompe el sueño
Conviértete en un soñador

Papá me dio una palmadita en el hombro
Dejó una pecera
Di adiós solo con cuencos de barro
Perdido al pie de la montaña

JUVENIL

Tiempo nunca regresa
Erosionando lentamente los recuerdos
El pasado que ha sido filtrado por los años
Los secretos que están enterrados en el tiempo
Las palabras talladas por el cuchillo en el escritorio
Esos exámenes sin terminar
Esos compañeros de recreo

Voy hacia atrás
La multitud sin ti
El llamado pasado
Un poco roto
Con los pasos
Convertido en nada

Pongo todas las flores
Pasando el tiempo
Profundo del amor
Soy como un niño en el norte de maihaili
Siempre criado dorado
De millas de distancia
La poesía se vuelve distante

SOBREVIVIR

Luces de la calle frías por la mañana
Proyectándote tan débil
Sonido swoosh
Es el aliento de la ciudad nocturna
Ya veo
Es el mandato de la vida
Desprecia con arrogancia toda alma

En las nubes
Primera luz
Entrar en las casas de las personas
Despertar el cuerpo dormido
Es el mandato de la vida

Tienes una escoba
Sentado en la calle
Mirando el flujo del río
Mirando la prosperidad
Para tus hijos
Es el mandato de la vida

Capital para la supervivencia

FLORECER

Las dos en punto, en un bosque
El coche se mueve lentamente
Un árbol de flores de pera , iluminado
Pasión por conocerte

Tiempo
Como un carruaje viejo
Cargado de decepción
En mi frente
Rodando uno tras otro cangsang

Puesta de sol, hoy
Si no puedo verte
Oculto a la sombra del sendero luoying
Esa fila de flores de pera , solo
Colgando con líneas solitarias de poesía

QUINCE AÑOS

Si el tiempo puede
Reverso
Cuando te veo
Me convertiré
Quince años
Un niño de secundaria

Seré
Tu espejo
Deja que me mires
Para salvarte a ti mismo
Apariencia original
Y la mente de la infancia

Cuando se vuelven fuertes
Me estoy debilitando
Pero al final, estaremos juntos
Como quince

Tiempo vuela
El sol y la luna
Vida
Tan corto
Hasta la vista

TIEMPO

Un crucero
Nada tranquilamente en el río del tiempo
En una intersección
Dejó caer su ancla
Pero accidentalmente golpeó el nodo del tiempo
En este momento, el tiempo se detuvo
Una libélula fue atrapada en este momento
Congelar

Gente curiosa
Siempre a lo largo del ancla del tiempo
Para encontrar un espacio tranquilo
Con un futuro confuso

TECHO

Techo cubierto de fragmentos
Puesta de sol destrozada
Barandilla oxidada
En dos y tres
Unos cuantos cuervos viejos están de pie

Cielo azul y nubes blancas en la distancia
Ya teñido de carmesí por el atardecer
Varios gorriones vuelan en el aire
Que formo este libro rojo
Algunos poemas
Fragmentos y cuervos viejos en el techo
También parece encajar en la escena
Convertido en algunos adornos
Puntuación

GUARDIA

Viento, aullido
A mi corazón
Despertar mis cálidos recuerdos
Como una rama doblada
Temblando, temblando
Estoy preocupado
Preocúpate, los nervios de la tierra
No aguantará
Rasgadura salvaje

Estrella, hundiéndose en la soledad
Lugar más profundo
Espacio más oscuro
Como tú
Corazón torrente desenfrenado
Golpea el tiempo
Acantilados helados

Pero yo
Con gotas de rocío de ambos ojos
Guardia reluciente
La temporada que ya se ha puesto amarilla
Poesía que dejaste atrás

HAMBRIENTO

Escuchar acerca de los animales
Si tienes hambre
Voluntad
Hambriento

Un gallo hambriento
Constantemente
Esconderse en el gallinero
Picoteando un plato de huevos fritos

Una oveja que no ha comido durante varios días
En el páramo
Morder una pierna de cordero con comino

En que disfrutan
Como si dijera
Tan lejos al otro lado del océano
Brazos de venus
Sola
Come despacio

PENSAR

Moneda de un dolar
Vomitado
Elaborado
Una parábola hermosa

En su camino hacia abajo
Ha estado pensando
Como puedo
Imparcialmente
De pie en su lugar

DESHAZTE DE LOS PROBLEMAS

Corazon tranquilo
Siempre a veces
Se sentirá molesto
Sentir las dificultades
Sentir el dolor de la vida
Sentir que todo está mal

Cada vez
Quiero sacar mi mente
Cuenta cuidadosamente
Entonces encuentra el problema
Quitarlo
Sin embargo, esto no es posible
Porque los problemas son como señales psicológicas
Cuanto más te estreses por eliminar
Cuanto más recuerdas

BUEN TIEMPO

Esa fresca primavera
Tu mi gato
Mi corazón
Tan simple como eso
Accidentalmente
Tranquilamente
Desaparecido
No tienes ningun aviso
Sin ultimas palabras
Solo vamos
Al mundo dichoso
Te fuiste
¿se convertirá en un ganso solitario?
Sobre las montañas
Para encontrar el mar
Te fuiste
¿se convertirá en un loto blanco?
Independientemente de los costos
Florecer en invierno
Te fuiste
Ido así
En este febrero
Tienes otra comida

Cena sin terminar

FALLO DE ALIMENTACIÓN

Civilización moderna
Ser esclavo de la electricidad
Sin libertad
Sin electricidad
Cosas para hacer
Pobre pequeño

Tiempo sin electricidad
Las personas solo pueden sentarse en sillas de bambú
Pasar el tiempo aburrido
Sacudiendo el ventilador
Mirando al cielo, nubes blancas, estrellas

Luna en silencio
Rociar las calles
Los susurros y las risas de la gente se propagan
Sin viento
Pero sigue siendo genial

Grupo de niños jugando
Escalada y vadeo
Tocar las nubes

Pescando río abajo
Corrió a través de la puerta
Entre ellos yo

TOMATE UNA FOTO CON LA LUNA

Realmente
Inquieto en ese momento
Mas que la luna
Sin terminar
Te pido que me lo guardes
Guárdamelo para siempre

Foto del tiempo fluyendo
Llévanos del protagonista
Convertirse en un papel secundario
Gradualmente
Se convirtió en un extra

La luna esta hermosa esta noche
Gracias
Adiós

AMOR INCONCLUSO

Corazón flotante
Vacío
No puedo encontrar
Donde parar

Rugido del viento
Una aguja
Flecha por flecha
Sumergido en recuerdos rotos
No puedo sacarlo

No te atrevas a esperar
Esquina
Esa brecha crece
Primavera
Con fruta

Sigue la dirección de las hojas caídas
Encuentra tu espalda
Entender una palabra
Amor inconcluso
Entregar la flor de durazno

TODAS LAS COSAS CRECEN

Hilera de melocotoneros
Guardar el calor del día
Absorbiendo la luz del día
Pero solo abierto
Huesos de flores esporádicos
Tiempo de día
Son como humanos
Pretender ser el mismo
Hijos únicos
Ser curioso
Para preguntarle al abuelo

Un anciano
El duerme toda la noche
Escucha el ronroneo de los árboles de durazno
Cultivar flores de durazno
Entonces les dijo a los niños
Sólo en la noche cuando todo está en silencio
Todas las cosas crecen

INFANCIA

Hablar de la infancia
Frente a ti
Lleno de cuadrados de colores
Y cuadros coloridos
Como abrir una caja
Como leer un buen libro
Subiendo al árbol para desenterrar los huevos

Hablar de la infancia
Solo los perros testarudos no pueden liderar
Cajones que no se pueden cerrar con la mano
Infancia
Nada más sacarlo de la caja
Desbordar, escapar
Nunca volver

CHICA TRANQUILA

Tu ternura
Como una brisa de marzo
Como el rocío en marzo
Disipa la desolación en mi corazón
Hidrata las grietas en mi corazón

A la sombra del atardecer
Todavía estás en paz y solo
Silencioso
Dime sin decir una palabra
El lugar donde las hojas caídas son coloridas
Con tu dolor

MOSQUITO

Lo que sea que seas
Que llanto
Que acción
Que tipo de actitud
Incluso si dijiste un "Sutra del diamante"
"Mundo ordinario"
Interpretó "Oda a la alegría"
Yo nunca nunca
Déjate lamer
Mi sangre suda

MI CACHORRO

Hace frio
Voy a traer al perro
El perro es pequeño
Nunca he visto el mundo
Como nada
Miedo de todo
Una fuerte nevada
Dio forma a un mundo envuelto en plata
Que el cachorro no encuentre el norte
Gritando por todos lados

Se esconde en casa en el medio oriente
Ocultar por un tiempo
Esconderte en otro lugar
Diviértete jugando
Salgo y me alcanza
No puedo devolver la llamada

No importa la edad que tenga, sigue siendo menor de
edad
Soy su guardián de por vida
Quiero que mi perro tenga una buena vida
Vivir una vida feliz
Deja de preocuparte por la comida y el calor

MI LUNA LLENA

Contenerse fuerte
Contener el dolor
Nunca la dejes
Desbordando de mis ojos
De nada

Siempre camino sobre la punta del cuchillo
Tan elegante como tu calor
Como las flores florecen en la calle
Enviando otro año de la luna brillante

Montando un caballo a través del puente
La fragancia del loto de nieve
En el té
Un momento de tranquilidad

Mirar atrás
Tu espalda lejana está
Me cuelgo de la rama
Luna llena con tinta amarilla

INSOMNE

Escritura imparable en medio de la noche
Como las hojas imparables en otoño
Uno después del otro
Espolvorear por todo el lugar

Esta noche
La luna es brillante y las estrellas son raras
Sin interferencias de seda y bambú
Sin preocupaciones
Justo para escribir
No tienes que dormir

ENSUEÑO

Tal vez llorar en el futuro
Tal vez también feliz
Tal vez triste
Tal vez aburrido
Pero ahora nosotros
Todavía disfrutando
Encantador bajo el sol
Romance de primavera
Hidratante de lluvia de verano
La desolación del viento de otoño
Silencio de nieve de invierno

Lluvia de flores de albaricoque
Como etéreo
Jazmín
Existente e ilusorio
Lluvia que no se puede atrapar
Quedará mojado
Sueño fragante

FRAUDE

Mira esa cara fea
Esa mirada siniestra
Ese sonido áspero
Ese cuerpo flaco
Ese comportamiento de títere
Esto es un mentiroso

Un mentiroso
No le importa la reputación
No te importa la moralidad
Solo le importa su billetera
Solo importa el dinero malvado
Y estaba cuerdo
El fraude como profesión
Y promoverlo
Con esta profesión honrar a los ancestros

CIGARRILLO

Un gran y pesado cigarrillo nueve
En silencio en una caja de cigarrillos
Negó a salir

Un fumador
Tira el cigarrillo
Pero no puedo sacarlo
Al final
La pitillera
En la comisura de la boca
Escupe anillos de humo negro y azul

RECUERDA

Sube a la montaña y enciende la hoguera
Descubierto de repente
Parece haber algo
De las sombras de los árboles
Voló a
Un pueblo con luces dispersas

Me encantaría solo respirar
Aire caliente
Buscar
Mira las estrellas
Recuerda
El fuego se ha reflejado en
Nuestros rostros jóvenes
Ahora, esta vez
Hace mucho tiempo
Hace mucho

En este momento, en el valle
Pájaros y flores

PATIO PEQUEÑO

Lluvia de primavera durante la noche
El núcleo de azufaifa generalmente enterrado se ha movido
Un árbol de azufaifa emerge
A mi madre le gustaban algunos árboles, déjame quedármelos
Quédate conmigo

En el patio se está volviendo demasiado loca
Mi madre y yo
No hables, limpia
El sol acaba de alcanzar el muro occidental
Cebolletas en la pared oeste
Madre y yo nos encargamos

CARTA

Una carta
Cruzar el mar
Sobre las montañas
Experimentó noventa y nueve-ochenta y una
penurias
Finalmente llegó

La llegada de la carta
Alarmó al viejo revendedor fuera de la casa
Unas líneas de escritura a lápiz
Tirando de ti y de mi
Estar atento
Fuera de la puerta hay un camino empinado de
montaña
Soy una persona ordinaria
Sólo por algún síntoma
Un sentimiento
Cambiarse de ropa a toda prisa
Emprendió un viaje

LUNA NUEVA

Camino oscuro a casa
Lleno de ecos de pasos
Mirando al cielo , la luna nueva

Una persona chocó conmigo
Él dice:
"¡adelante, hay una tierra estéril !
Vuelve y sígueme "
Miro al cielo
Mira la luna nueva
Rechazo de la sonrisa:
"No, estoy persiguiendo la luna nueva "
El transeúnte negó con la cabeza y se fue solo

Después de que se fue
Una brisa fresca , detrás de mí
Arrastrado , con el sonido de los pasos

ESTRELLA

Nadie en la casa
Nadie afuera
Dentro y fuera
Tranquilo, oscuro
Silencio
Estoy en el techo
Contando los diamantes engastados en las sombras
El árbol y el viento no se mueven
Parece congelar la imagen
Cuento las estrellas en el cielo
Sentirse pleno y feliz
Feliz

NOCHE ESTRELLADA SOLA

A lo largo del bosque, la hierba, los macizos de flores
Estoy caminando solo
Bañado por la luz de las estrellas
Mirando el río adelante
Para y escucha
El sonido del río lamiendo la orilla

En esta noche ventosa
Solo quiero estar solo
En silencio, suavemente
Conversación con las estrellas

FUEGOS ARTIFICIALES

Gran recodo del río
Las olas impactantes golpean la orilla
El agua está goteando hacia adelante
Estoy en la ventana
Escucha el rollo de agua

Mirando al otro lado del río
Esta noche, alguien encendió una hoguera
Mirando el fuego de pesca de arce de río
Dormir

Entre nosotros
Fuegos artificiales y niebla
Rio silencioso y helado
Me siento allí
Escucha el tiempo fluir lentamente
Viendo el espacio expandirse
Hasta tarde en la noche
Mirando los fuegos artificiales del otro lado
Insomne

COMÚN

El tiempo no es largo
No corto
Pero no importa lo bueno que sea el tiempo
No puedo comparar
Día ordinario

Dia ordinario
Cómodo , tranquilo
Camisa vieja con una esquina mojada
Papel borroso
Cáscara de naranja seca
Todavía fragante

Cebolla de ventana
Clorofila en la ventana
¿cuándo se engrasan las páginas de un libro?
Las cortinas perdieron su color original
El jarrón ha estado vacío durante mucho tiempo

Sal de gasóleo
Día normal
Dia ordinario

ESTRELLA Y LUNA

Gran noche
Noche silenciosa
Una estrella
Suficiente para encenderlo

Algún tipo de señorita
Algún tipo de recuerdo
Deja esta noche
Luna brillante
Sombra en tres

DUENDE

Se quedó sin vino
El humo que exhala
Convertir en un círculo
Subiendo
Sus cejas están levantadas hacia mí
Sus ojos miran a mi corazón
Su sonrisa voló a mis brazos

Un monstruo me robó el corazón
Robó mi corazón

Lleva una máscara pintada al óleo
Encantador
Baile de manga larga
Exquisito
Ella se quitó las capas de disfraz
Temperatura corporal fría
Inocente como un niño

Ella es pintoresca
Ojos borrosos
Ella dio su propio beso
También abrió mi corazón

No hay nada allí
Hay silencio
Esta frio y silencioso

Ella es rica en color, con una túnica china
Tiene mil capas de máscaras y camuflajes
Cuando ella vino
Figura encantadora, todo tipo de estilo
Cuando ella se fue
Sin restricciones, fácil de llevar

Ella es una ladrona

Se quedó sin vino
El humo que exhala se eleva en círculos
Sus cejas están levantadas hacia los demás
Su sonrisa vuela a los brazos de otra persona

BALCÓN

Fui al balcón
Abrir la ventana
El sol
Hay una brisa
Las montañas también son
Cielo azul tambien
Los pájaros están ahí
El sonido del balbuceo del agua también es

Pero ya no estoy

HOJAS DEL ABUELO

El abuelo tiene un hobby
Eso es esconder tus manos en las nubes
Hasta que el viento esté despejado y las nubes despejadas
Hacer que la gente mire
Como fruta fresca en una montaña
Parpadeo en el follaje

El abuelo dijo que se estaba haciendo viejo
Convertirse en una hoja
Soplando con el viento
Si tienes la suerte de flotar en el pozo
Luego en el pozo
Esperar tranquilamente

Entonces un día
Volví al pueblo de mi abuelo
Por el pozo
Buscar
Ver una hoja
Rayo a través del aire

Caer lentamente
Ir al pozo
Apresuradamente me acerqué para recogerlo
Tómalo, no lo sueltes
Nunca dejar ir

FLOR SILVESTRE

Una flor silvestre desconocida
Sentado en silencio entre la hierba
Ten un lindo color
Logo único que dios le dio
Debería estar orgulloso de su belleza
Pero desafortunadamente no es elogiado por la gente
Es solo una pequeña flor desconocida
No se que viento
Tráelo aquí
Muy afortunado
Pero no satisfecho
Los transeúntes pasan
Siempre habrá un momento en que el corazón late más rápido
Después
Pasar por
Nunca volver a verte

UN LUGAR

Tómate el tiempo entre nosotros
Picar un poco
Debería ser capaz de
Armar un lugar
Y ese lugar
Solo para ti y para mi

Allá
Nosotros no hablamos
No ruidoso
Nos vamos
O sentarse
A lo sumo, pero sonrían el uno al otro
Cuidando suavemente
Es suficiente
Incluso toda nuestra vida
Todo en la playa arruinada
Incluso si nuestro destino es
Vasto, vasto , turbulento
Profundo del pacífico

UNA PISCINA
DE VERANO

Vengo del vasto país del norte
Date prisa
Guarda la luz de la luna todo el camino
Sigue soñandoAl abrir la puerta
Agua recién hervida
Te pones de pie
Estirado
Bostezó

Yo te pregunto
Ese verano pasado
Ahora, ¿vas a volver?
Señalas la puerta
Yo seguí
Vi una piscina
Agua de la piscina
Las hojas de loto marchitas son pintorescas

Dígame usted
El verano está ahí
Hay una piscina en verano

MENDICIDAD

El esta andrajoso
Hambriento
Sosteniendo un cuenco roto
De rodillas en el bullicioso centro
Voz piadosa
Pero siempre está tapado por el ruido del mundo

Aunque el viento frio
La gente no puede cuidarse a si misma
O simplemente demasiado perezoso para confiar
Siempre habrá alguien con ojos dulces
Tirar una moneda
Poner en un recipiente vacío

HOJA

Recogí una hoja
Mira a la izquierda mira a la derecha
Querer de las venas
Del pasado al presente
Después
Me diste el mundo entero

PASAR NADANDO

Luz del sol a través de las hojas
Impreso en el suelo
Formar varios patrones
Aburrido a ambos lados del río
Superpoblado
En un grito
Nadó un
Coche eléctrico sin bañador
Remaba con ansiedad
Gente lejos
Mira este auto descarrilado
Lleno de curiosidad
Mucha discusión
Pero nadie se dio cuenta
El hombre que se ahoga

ETERNO

La gente anhela la eternidad
Sin embargo, las cosas son impredecibles
Hasta el final
Solo puede ser barro
Nosotros ahora
También del suelo del pasado
Tal vez, lo que conforma tus delgados brazos
Es el cuerpo de un gran hombre

El día por delante
Tu, yo, el y ella, y eso
Volverá a la tierra
Porque la suciedad
Es la eternidad

UNA VIEJA CANCION

Una vieja cancion
Juega de nuevo
En mi corazón
Una tormenta

Al mismo tiempo
En mi sueño
Oscilante luz de las estrellas
Agarrar la luz de la luna
Pescando sol

POLVO

Polvo, silencio
Esconderse en la esquina
Incrustado en la vida
Permanecer en los viejos tiempos
Quitando el polvo sin cesar

Ver polvo
Pensar en la luz
Piensa en el sol
El polvo no debería tocarlos
Solo puede permanecer en rincones oscuros
Acompañando el paso de los años

EL ROMANCE DE UNO

Este es un romance que solo pertenece a una persona
Libre en la nada
Imaginación de la mente
En forma de
Una sombra dispuesta
Luego persiguiendo como loco
Desesperadamente hacia adelante
Libere toda la energía de su vida
Perder el tiempo
Pero al final solo ganó la nada
Ya esta predestinado
Es solo un sueño vacío
Un sueño etéreo

TRISTE

Este es un poema triste
Porque , será a su cargo
Vendete a ti mismo
Revista go away

El poeta que escribio el poema
Es triste
Porque
Él escribirá un
Poema titulado "Dolor"

RECUERDOS DE LA INFANCIA

Yo tenía diez años , vacaciones de verano
Ir a la libreria todos los dias
Leer algunos libros favoritos
Como la ficción militar

Por la noche
Hace un poco de frío, me meto en la cama
Mamá está llamando
Dispara mosquitos en mosquitera

Mientras duerme
El cielo es brillante
Lejano oriente
Fauces de pescado blanco
Mira el reloj
Solo las cinco
Mamá gritó desde la cocina :
Ven a comer gachas agrias
Hablando de que
Lo puedo oler
Tenue luz de la mañana

YIXIN WANG

Ese olor a papilla agridulce

LEER

Un niño
De pie y leyendo en el dormitorio
De haruki murakami
"Kafka en la orilla"

Una emoción convertida en cachorro
Esconderse en el este
De ida y vuelta en la sala de estar
Moverse
Mimar al maestro

Lado del cachorro
Conexión con el renacimiento de la literatura moderna
El otro extremo está conectado a la ventana del piso al techo
Aislar la brisa de verano

NOCHE LLUVIOSA ESPERANDO

En una noche lluviosa
Sin luz
El viento no la escuchará
Los paraguas solo se preocupan por sus propias peleas
Las calles no solo son duras
Y fangoso

Ella tenía que
Esperar en silencio
Mira esa pequeña ventana
Esperando a un hombre
Esperando una luz

AULLIDO DE LLUVIA

En un día lluvioso
Una gota de lluvia
En el otoño
Clamoroso:
Nunca , nunca
Nunca comprometerse
Es el destino
Después de eso, golpeó mi techo
Hacer ruido
Me sobresaltó , despertó mi sueño

CONVENCIÓN

Esta pelea feroz
Ver con la codicia y el escape
Tanto hombres como mujeres entienden
Cuando sea
La vida será tan fea

Esta pelea es solo el comienzo
Sin final
Pero el final es una promesa
Un acuerdo sincero
Cuando aparecieron las linternas por primera vez
El sueño que tuvieron juntos
Se repetirá en mi mente
Volveré a visitar esta noche

Y luego las luces de la calle se van a dormir
Amanecer
Finalmente
Ciudad despierta

DESTINO

Si existe tal noche
Camino tranquilamente por el parque
Y puedes pararte en el estanque de lotos
Envía ese grano de vida pasada
La fragancia que me pasó
Entonces en mis ojos
La sonrisa más dulce
Deben ser tus ojos y sueños

Cómo
Siempre llegas demasiado tarde
O llegué demasiado temprano
Hacer que tú y yo
Hombros siempre furiosos

LA LLUVIA DICE

Solía escuchar
La lluvia dice
Luna sobre la nube
Sol en la luna
Hay estrellas en el cielo

La lluvia significa que los árboles estarán más verdes
mañana
La hierba estará más fresca mañana
Muchas flores están a punto de florecer
Cien flores florecen

La lluvia dice que es tarde en la noche
Tranquilo
Debería pensar en esas personas
Esas cosas
Esas verdades

La lluvia dijo mucho
Pero
Hago
Nada que decir

TRISTE

Tristeza repentina
Como el viejo pozo en el patio trasero se vuelve turbio
Como un viento frío que sopla frío y sombrío
Caminando solo en el callejón
Contra la pared
Se ven piedras frías y húmedas
Brillante frotada por innumerables suelas

Cierre la puerta
Voces que interfieren permanecen en la casa
El aire frío se queda fuera de la puerta
El dolor permanece en mi corazón

La tristeza es una picadura
Levanta tu corazón
Se hundió de nuevo

QUEMADURAS

Por favor, mira hacia otro lado
No quemes
Flores de cerezo
Esa sonrisa rota

Leng yan, como tu mente
Escondido en un rincón de la temporada
Tentáculos delgados
Tocar
Flores de durazno tiradas en la pared
Con flor de loto
Historia de encuentro

Tu y yo
Nunca cruzado
Distancia de invierno a verano
Sostener un paraguas
Métete en el estanque de lotos de lluvia brumosa
Estambres infiltrados en sánscrito
Ahora
Solo quiero
Agachado bajo el árbol, recogiendo algunas flores caídas
Envasar una judía verde

Plantado bajo el árbol

131

UN PERGAMINO DE POESÍA MANCHADO DE TINTA

Plantado bajo el árbol

PALMA EN EL REINO

Soy como dios
Tranquilamente viendo el mundo en la palma de tu
mano
Yo vi
Hay montañas
Picos continuos en los cinco dedos
Hay ríos
Galopando en las venas de la palma
Juntar las manos
Sostener un mundo
Extendido
El mundo se extiende desde la punta de los dedos

ALABAR TODO

Todo es digno de alabanza
Incompleto e incompleto
Como una media luna de medio gancho
Siempre se siente insatisfecho
Debemos alabar lo incompleto
Alabad las flores remanentes y los sauces
Alabado sea el cielo neblinoso
Alabado sea el gángster ladrón
Alabado sea la inmundicia del mundo
Porque nos hacen entender
Mentira engañosa
Ocasionalmente
Más cerca de la realidad

FESTIVAL DE MEDIADOS DE OTOÑO

Otro festival del medio otoño
Mirando el palacio de la luna
Me recuerda a la leyenda de hace miles de años
Apartar
Árbol en el patio
Pasa a ser laurel
Bonita casera de fuera de la ciudad
Escaparse con un amante
También tengo algunos conejos
Ojos rojos
Simplemente no sé
¿tomará medicina?

En este lugar remoto
Un dia ordinario
Espero que aparezca la luna llena
Esperando la llegada del festival del medio otoño

ANOCHE

Estamos aburridos
Mirando el ardiente amanecer en el cielo
Perezosa ligeramente gorda
Al mismo tiempo, recogiendo
Dejado por los borrachos
Un desastre
Cuando el sol brilla a través de las nubes
Paramos inquietos
El tiempo parece haberse detenido
Han pasado algunos años
Solo oído
Viento que sopla suavemente
Y un suspiro

PAISAJE DE AYER

Ella caminó por esta ciudad oscura
Crucé este puente roto de nuevo
Puente está el cielo sucio
Debajo del puente está el río seco
Basura amontonada en el borde del campo
El olor a descomposición está en todas partes
Los autos que pasaban levantaban nubes de polvo
Las hojas verdes de un gris oscuro
Haz que ya no sea fresco

Mañana , el nuevo camino se agrietará
Mañana habrá más basura
Mañana, los jóvenes se convertirán en viejos
Mañana, las flores florecientes se marchitarán
Mañana, las hojas verdes se encogerán
Mañana todo hoy
No existirá en absoluto
Todo está bien,
Todo fue ayer

Estoy sentado en una rama de hojas verdes
Mira el polvo
Sentado y mirando el curso de la vida
Reírse de la gente

EL ÚLTIMO DÍA

Como una flecha
Pasar volando
Disparo al galope del río amarillo
Desde el acantilado del corazón
Caída rápida

Río de la vida
Aparecido
Las olas de mi destino
Si
Sigue tu dirección
Irá ?
A la deriva a donde

Horario
Dos vueltas mas
Tu ultima hoja
De mi arbol de la vida
Más y más lejos
Hasta que no veas

Mirando hacia atrás , el camino que corté con mis propias manos
Conduciendo a , reuniendo la fragancia ligera residual

YIXIN WANG

Como un
Por las campanas de 2017

PROPIO

Quién soy
Me perdí
Estoy aterrado
Despertado de un sueño
Emprender un viaje
Encontrar el yo perdido

Noche
Profundo , solitario, oscuro
Sin luz de las estrellas , sin compañero
No hay manera
Sin frente
Solo el corazon
Chispa saltando

Cruzar la montaña
Sobre el valle profundo
La oscuridad se retira en silencio
La luz renace en el llamado
En la luz de la mañana
Veo el yo perdido
De pie sonriendo

A LA CIUDAD

Sigo este camino desierto
Ir lentamente
Por los suburbios fangosos
A través del bajío por delante
Acaricié la suciedad en las perneras de mis pantalones
Pisó un puente
Río corriendo bajo el puente
Puente roto
Tembloroso
Camino hacia adelante
A esa ciudad

La ciudad está cubierta de nubes blancas frescas
Pájaros felices volando en el aire
La ciudad está llena de altos edificios modernos
También hay hermosos parques
La ciudad está llena de flores y árboles
En el aire, hay un neón
Vistoso
Para mostrar el encanto de la ciudad

Caminé sobre este puente en ruinas
Ir lentamente
En esta ciudad

COLOR MAS HERMOSO

Conviértete en un río colorido
Siempre ha sido mi sueño
Por un hermoso rio
Como un loto de nieve fría
Solo en el acantilado
Intenta despertar este desierto
Dale una vitalidad infinita
Hazlo un oasis
Mostrando así el espacio entre el cielo y la tierra
El color mas hermoso

PRIMEROS SUEÑOS

En el cielo oscuro de la noche
Con nubes blancas
Estrellas en las grietas de las nubes
Como un péndulo en la pared
Siguió golpeando
Primer sueño

La luna brillante se levanta en mi corazón
Cambiando constantemente el cielo nublado
Componer la melodía en mis venas
Esta noche, lo sacudiré de nuevo
Martillo de la vida
En tu mundo
Crea esperanza que brilla como el sol
Recuperarte
Ese primer sueño

CIELO NOCTURNO

En el reflejo de la ciudad
Volar , viajar
Esperando socios , amigos y familiares

Escucha desde
Tambores y campanas en la distancia
Ese es el dios del vacío
Para mi
Señal personal

Inmediatamente despues
Conocimos en un sueño
Otro yo
Usaré el azul del cielo
Para lavarlo
Y luego con mi vieja amiga la luna
Ten el mismo sueño

Antes del amanecer
Poner el mundo entero
Empacar
Envíame
Con mi amigo

ESPACIO

En un lugar abierto
Siempre ventoso
Mientras el viento sople
Las hojas susurrarán
Así el mundo bajo las hojas
Estrellas expuestas
Sol brillante
Silla junto a
Sacará
Larga sombra
Impreso en el suelo
El niño a tu lado
Jugado en broma
Despacio
Esta oscuro, esta oscuro
Los niños se van a casa

PERDIÓ

Siento
Mi pasión
Mi pasión
Está desapareciendo lentamente
Parecen estar integrados en el río amarillo
Como el río se precipita hacia el mar
Convertirse en los trillones de gotas que forman el vasto océano
Uno de los
Se mezcla con las otras gotas
Ya no se pueden decir el uno al otro

Mi pasión
Mi pasión
Tan perdido

VERDE

El color de la primavera es verde
Río de primavera
Caminar en el bosque
Toca el verde espeso
Encontré un árbol gigante en el bosque
El tipo de árbol que existió hace miles de años
El tipo de árbol que ha visto verde miles de veces
El tipo de árbol que más sabe de verde
Nada se compara con ellos
Una comprensión más profunda del verde
Más

DÍA DE LA MADRE

El día de la madre está aquí
Este es el mundo entero
Cumpleaños de mamá
El dia mas feliz de la madre

Érase una vez
Para nuestro futuro
Madre nos enseñó
Crecimiento, transformación
Aprender, pensar
Trabaja duro
Tenaz, trabajador

Pero nuestra madre
Pero adelgazando
Sus anillos de crecimiento se están volviendo más densos
Su espalda se está torciendo
Su vista está empeorando
Su figura es cada vez más delgada

Día de la madre
Son unas simples vacaciones
Ella no necesita un memorial

YIXIN WANG

Ella no necesita cantar
Ella no necesita cumplidos

Se acerca el dia de la madre
Ella solo necesita
Podemos hacer tiempo
De vuelta a casa
Ve a ver
Nuestra madre

TOUR DEL PRIMERO DE MAYO

Luz del sol deslumbrante
Ilumina las famosas montañas y ríos
Huele el agua clara junto al lago
Solo escucha la risa

Quiero sentir la naturaleza
Acércate a la naturaleza
Imagen verde en la naturaleza
Hazme deslumbrar
La fragancia de las flores en el parque
Hazme demorar
Los pájaros cantan en el merlín
Hojas bailando en la brisa
La alegría siempre está en mi corazón
Haz de mi corazón un nuevo capítulo
Un bolígrafo suave en la mano
Deja que sea poético

ME GUSTA

Impulso del rey
Por todo tu cuerpo
Cuelga tus ojos
Brilla tu alma
Atmosfera de alegria
Impregna este campus
Mirada feliz
Lleno de caras de personas

Eres una persona así
Puede traer anhelo positivo a la gente
Y búsqueda optimista

Tu feroz competencia cada vez
No estar en el campo
Rey
No por rango
Campeón, subcampeón
No importa
Solo importante
Esa certificación de sudor y esfuerzo, y
Tu humor

VULGAR

Vulgar
Que es vulgar
Algunas plantas
Enraizado en suelo superficial
Tomar ganancias como su propio tallo
El deseo como una rama
Hojas es la ignorancia
Formalismo en la fruta
Ramas y hojas hipócritas se enfrentan al viento
Mostrar una sonrisa falsa
Pero todavía amamos
Este mundo irreal
Porque
Los mando
De la mía
Más sincero
Una cavidad caliente
Orina
Este excremento
Convertirse
Su alimento espiritual

EL ÁNGEL MÁS HERMOSO

Ella no es una figura de arcilla debajo de nuwa
Porque las figurillas de arcilla son demasiado comunes y corrientes
Tampoco es descendiente de adán en el jardín del edén
Porque los descendientes de adán y eva no son rival para ella en lo más mínimo
Ni siquiera su cuerpo es mortal
Su alma no es un alma mortal

Ella es como una tierna hija del reino supremo
Santo y conmovedor
Ella es el dios supremo de los tiempos antiguos olvidados
Solemne y polvoriento
Ella es un angel reencarnado
El ángel más hermoso

ESE TIPO DE AMOR

Por el sendero desierto
Abrió uno tras otro
Y cayo

La bella mujer en el espejo
Admirado durante mucho tiempo
En el espejo
Su fragancia
Y su belleza

Y esa temporada de calor
Corazón suave y tímido
A menudo se olvida
Entonces cuando sea demasiado tarde
Acabo de recordar
Ese tipo de amor

TULIPÁN

Ella es indiscutible
Abierto solo
Ella es un tulipán fragante
Silenciosamente abierto en el desierto
Abierto en mi corazón

Nadie sabia que existia
Nadie la sigue
Es rojo brillante y dorado
Solo un solitario como yo
En el camino lleno de baches
Recuerdo solo de vez en cuando

UN HERMOSO MITO

Voy a tocar una canción para ti
El hermoso mito de jackie chan
Para conmemorar mi hermoso amor
Viento de la noche
Se ve tan solo
Pero también suena bien

Dedos son suavemente
Teclado de la computadora
Nostálgico del lugar donde caminamos juntos
Ahí está tu rastro

RÍO

No entiendo el agua
Aunque crecí junto al río
Pero no me comunico con mi madre río
Cerca pero desconocido

Miro los guijarros junto al río
Y patos salvajes en la distancia
El corazón hace tiempo que se fue con el río
Fluyendo en la gran distancia

Cuanto mide el rio
¿cuánto tiempo es mi ciudad natal?
Mi corazón fluye con el río
Siempre en la ciudad natal

LENGUAJE DE SEÑAS

La lengua de signos, una lengua única
Su encanto, la mayoría de la gente no puede sentirlo
Es como bailar
Danza del mundo de los cuentos de hadas

Mirando diez dedos
Ya sea dividir o combinar
Abierto o cerrado
Combinando infinitas posibilidades
Expresa tu corazón
Llevame a comunicarme contigo

Este baile
Lleno de maravilla infinita

SONREÍR

Sonreír
Tan indulgente como el mar
Tan azul como el cielo
Puro como una nube

Plantemos una sonrisa en nuestros corazones desolados
Riega la sonrisa con lluvia primaveral
Sonríe con sinceridad
Deja que nuestros corazones estériles
Lleno de vida

UNA PARED VIEJA

En una patria lejana
Hay una pared vieja
La gente lo ha olvidado hace mucho tiempo
Sólo los penitentes recuerdan

La vieja muralla yace en el corazón del penitente
El mundo detrás de las paredes ocultas
Resiste el mal con tenacidad
Evita que las personas se pierdan en la oscuridad
También debe cubrir la hipocresía y la oscuridad
Dejando solo el arrepentimiento sincero y el arrepentimiento

ACTIVAR

En este triste otoño
Dejé mi ciudad natal
Con un sueño
Deja ir tus preocupaciones
Renunciar a todo
Hacia la poesía y la distancia
Emprender un viaje, seguir adelante

Por tu propio calor
Por tu propia felicidad
Por tu propio futuro
Luchar con valentía
Lucha tenaz

ROMPER LA TEMPORADA

Otoño, una estación triste
Temporada solitaria
Temporada de ruptura

Sobre la hierba verde
Te vi jugar
Atrevido y heroico
Las mujeres no permiten a los hombres
Siente la brisa soplando sobre tu cabeza
Todo es tan tranquilo

En un parpadeo
Las malas hierbas se esparcen por toda mi memoria
El espeso color otoñal quema mis ojos
El viento de otoño se lleva mi fantasía
El humo sale por todos lados

Solo esa figura heroica sigue en mi corazón
Huellas de herradura como un bmw sudoroso
Amor condensado en forma de corazón

GUERRA

Es producto de la historia
Un símbolo de guerra
Al igual que un faro
Representa un desastre
Una guerra

Quemaduras de baliza
Las rocas circundantes parecen haberse acostumbrado
Este asado ardiente
Es este faro
Hizo un milagro para un pedazo de tierra
Proteger este país
Proteger a miles de personas
Hena chai arroz aceite sal salsa vinagre té

SOLITARIA

Solo, como una marea
Creciente
Ahogarme
Solitario como la oscuridad
Venir furioso
Cúbreme

Cómo desearía que alguien pudiera sacarme de esto
Abismo solitario
Cuanto anhelo
El mundo amistoso
Ese maravilloso futuro

Sin embargo, solo tengo
Quédate en el abismo solitario
Continuar sintiendo la asfixia de la oscuridad

NEBULOSAS

Mira las nubes a lo lejos
La nube turbulenta fluye como un río
Agita mis sueños
Llevar mis pensamientos
Pasar por el cielo
Volar mi camisa
Cruzó mi frente

Esa nube turbulenta
Ya he encauzado mi esperanza
Ir más alto
Mostrar luz dorada

SALIR DE CASA

Cuando viajas en un tren de hierro oxidado
Cuando miras el autobús al costado de la carretera
Cuando sales de casa
Otoño sombrío
País extranjero
Los recuerdos de la ciudad natal siguen
Gradualmente borroso
Desvanecerse

Accidentalmente mira hacia arriba
Mirando las nubes blancas en el cielo
Recordarás
El vasto paisaje de la ciudad natal
Y los viejos tiempos

ABOUT THE AUTHOR

Yixin Wang

Wang Yixin es erudito visitante en la Universidad del Norte de Illinois, miembro de la Sociedad China de Ficción, miembro de la Asociación de Escritores de Shaanxi, miembro de la Asociación de Artistas de Xinzhou, director ejecutivo de la Asociación de Escritores del Distrito de Weiyang y autor de la medalla de oro de la revista Zhiyin. Ha ganado premios como el de mejor obra popular en la Exposición de Caligrafía y Pintura del Diario Guangming. Ha publicado los libros "Tu trabajo duro acabará por convertirte en un yo mejor", "Sé un yo más feliz", "Vamos así", "Déjalo, procrastinación", "Traición", "Charla nocturna solitaria", "El arroyo tiene arte La vida" y otros 14 volúmenes. Las pinturas al óleo han sido expuestas más de 50 veces en exposiciones patrocinadas por la Asociación de Artistas de Taiyuan, el Museo de Arte de Jincheng, la Oficina de Cultura y Turismo de Bayannaoer, etc.. En el Instituto de Ciencia y

Tecnología de Taishan, en el Instituto de Información de Jinzhong, en el Parque de la Industria Cultural de Shanxi, en el Museo del Libro del Condado de Hequ y en otros lugares ha celebrado seis exposiciones personales de pintura al óleo. Sus obras literarias y artísticas han sido publicadas en más de 300 artículos por revistas como Reader, Yanhe, Meiwen y Peony. Ha sido invitado a grabar una serie de programas en la cadena de televisión de Shanxi y en la de Taiyuan, y ha impartido más de 100 conferencias en la Escuela Bilingüe Moderna de Shanxi, en el Edificio del Libro de Shanxi, en el Instituto de Tecnología de la Moda de Shandong, en la Escuela Superior de Tsinghua, en la Escuela Superior de Profesores de Xinzhou.

www.ingramcontent.com/pod-product-compliance
Lightning Source LLC
Chambersburg PA
CBHW050516160726
48003CB00001B/333